LES ASSURANCES

SUR LA VIE,

CONTRE L'INCENDIE ET CONTRE LES FAILLITES,

CONSIDÉRÉES COMME BASES

DE LA

VÉRITABLE ORGANISATION DU TRAVAIL.

Paris, Paul Dupont.

LES ASSURANCES

SUR LA VIE,

CONTRE L'INCENDIE ET CONTRE LES FAILLITES,

CONSIDÉRÉES COMME BASES

DE LA

VÉRITABLE ORGANISATION DU TRAVAIL,

Par **BOURASSET** Aîné,

ANCIEN NÉGOCIANT.

> C'est par des reproductions que la nature se perpétue et que la richesse s'acquiert; que chacun détourne une portion de son gain pour la confier à la reproduction, et les ressources humaines seront décuplées.
>
> (MIRABEAU.)

Prix : 5o centimes.

PARIS,

IMPRIMERIE ADMINISTRATIVE DE PAUL DUPONT,

RUE DE GRENELLE-SAINT-HONORÉ, 55.

1848.

INTRODUCTION.

Ce sont les idées les plus utiles et les plus fécondes qui prennent le plus difficilement racine : en revanche, une fois que ces idées sont devenues victorieuses des préjugés et des passions, elles s'introduisent définitivement dans nos mœurs et dans nos lois.

Tel devait être, en France, le sort des Assurances ; elles n'y ont pris un véritable développement que depuis peu de temps, mais nulle force déjà ne saurait plus lutter contre les bienfaits qu'elles sont appelées à rendre.

Chaque jour en voit naître une nouvelle, et toutes trouvent leur place ; toutes s'implantent dans notre sol, sans que le principe puisse en être contesté.

Car, en définitive, le principe de toute Assurance découle de l'association, et c'est à l'association que l'humanité a toujours dû ses plus belles conquêtes.

Nous traiterons ici :

De l'Assurance contre l'Incendie ,

De celle sur la Vie ,

Et de celle contre les Faillites.

Mais, avant d'entrer en matière, nous devons dire qui nous sommes et ce que nous proposons :

Ancien négociant, sorti des affaires par la porte de l'honneur, mais non par celle de la fortune, dans l'obligation de nous créer une nouvelle position, nous avons d'abord recherché celle que pouvait nous procurer l'étude des Assurances, en général.

Bientôt, l'Assurance contre les faillites parut, et, immédiatement, nous lui avons donné la préférence de tout notre temps et de tous nos soins.

C'est qu'alors notre travail devenait une mission , celle de propagateur d'une œuvre de régénération commerciale !

Cette mission n'étant pas entièrement remplie, nous ne dévierons pas de la ligne que nous nous sommes tracée, et nos démarches personnelles seront encore pour cette Assurance.

Cependant, la connaissance profonde que nous possédons, de toutes les combinaisons des deux autres, nous a souvent autorisé à penser que nous pourrions rendre service à nos concitoyens, en cherchant à guider chacun, individuellement, dans le choix du mode le plus favorable à ses intérêts.

Aussi, avions-nous depuis longtemps le projet de faire le présent Recueil, et l'intention de nous mettre à la disposition de tous , pour les développements et les conseils qu'on voudrait bien nous demander.

Si nous nous déterminons aujourd'hui, c'est par le désir ardent que nous avons d'apporter quelque lumière dans la grave question qui préoccupe en ce moment tous les esprits.

Nous avons le pressentiment et la persuasion que la véritable organisation du travail ne sera jamais résolue que par l'application bien entendue des Assurances.

En effet, l'Assurance contre les faillites donne la certitude qu'un certain profit subsistera dans le travail ; l'Assurance sur la vie, permettant à l'économie de s'exercer fructueusement, conserve l'émulation parmi les travailleurs, sans engendrer les terribles résultats de la concurrence désordonnée, et enfin, l'Assurance contre l'incendie garantit la propriété acquise.

Or, comment se fait-il que les publicistes les plus distingués ne soient pas encore parvenus à organiser le travail ? C'est qu'une fois le mot lancé, chacun s'en est emparé sans remarquer qu'on s'était trompé d'expression ; que le travail s'organiserait de lui-même par le retour de l'ordre, et que la vraie question à traiter est l'organisation du bien-être des travailleurs.

Quant à nous, nous considérons l'association forcée comme impossible, hors de l'Assurance, surtout dans certaines branches d'industrie.

Mais nous pensons, au contraire, que le Gouvernement qui a cru devoir décréter la durée des heures du travail, peut à bien plus juste raison imposer l'Assurance comme obligatoire à tous les citoyens qui voudraient lui réclamer un jour aide et assistance.

Afin de ne rien détruire de ce qui existe, le Gouvernement deviendrait seulement l'Assureur de tous les porteurs de livrets ; le mode de perception de la prime d'Assurance serait des plus simples : les patrons la payeraient, pour chacun des employés qu'ils occuperaient, quitte à eux à régler en conséquence le prix du travail.

Nous nous arrêterons là , notre but n'étant pas d'établir un plus vaste plan à cet égard ; nous avons seulement voulu produire une pensée, heureux que nous serions de contribuer, bien qu'indirectement, à l'amélioration du sort des travailleurs, sort si digne d'intérêt !

BOURASSET AINÉ , *ancien négociant.*

Visible tous les jours, de midi à une heure, à son Comptoir des Assurances de la Famille et du Commerce , et de Placements de fonds en effets publics.

A Paris, place de la Bourse , n° 6.

ASSURANCE CONTRE LES FAILLITES.

La faillite est tellement inhérente aux opérations commerciales, que, de toutes les Assurances, la plus difficile à mettre en pratique était certainement celle contre les faillites.

Le nombre des systèmes présentés par Messieurs les négociants eux-mêmes devait jeter, momentanément, quelque indécision dans le choix des bases à arrêter pour cette institution nouvelle; mais il était réservé à la Compagnie, qui ne fermerait pas sa porte à de sages conseils, de réunir enfin les seules conditions praticables pour une semblable Assurance.

Déterminer à l'avance, chaque année, à raison de tant pour cent, le maximum des pertes que le négociant devra supporter sur les faillites ou cessations de payement de ses débiteurs;

Éteindre progressivement la faillite; — celle par entraînement, en faisant qu'il n'y ait plus de pertes imprévues; — celle frauduleuse, en la frappant par des exemples salutaires;

Tel est le but que devait se proposer toute Compagnie d'Assurance contre les faillites, et tel est celui qu'a définitivement atteint l'*Union du Commerce*.

Chacun comprendra de suite les immenses résultats qu'il doit en attendre :

Un commerçant nouveau est sujet à éprouver des pertes qui peuvent l'arrêter immédiatement dans sa marche, et même le pousser à une catastrophe;

Un commerçant plus ancien, au moment où il songerait à se retirer des affaires, est exposé à éprouver de tels revers qu'il se voie obligé de recommencer des travaux que son âge ne lui permettrait plus de supporter;

L'Assurance met le négociant à l'abri de semblables malheurs.

Il faut le reconnaître, en matière de faillites, la mutualité est seule applicable, et les affaires du commerçant doivent entrer à l'Assurance dans leur totalité; cependant, pour que l'Assuré ne craigne pas, selon l'expression que l'usage a désormais consacrée, de payer pour son voisin, il est important qu'il n'y ait pas de solidarité, entre les Sociétaires, au delà du taux de prime indiqué.

Quant au moyen d'établir la prime, contrairement à la première pensée commune, il ne peut ressortir consciencieusement d'un tableau de catégories.

L'expérience nous a prouvé que, par ce mode, on se trouve en présence de deux classes également hostiles : l'une aux intérêts de la masse, l'autre à la constitution ou à l'extension de la Société.

La première marchande son classement et ne consent à donner son adhésion qu'à des conditions onéreuses pour ses co-associés ; la seconde, si, dans sa conscience, elle se trouve trop avantageusement classée, s'éloigne avec méfiance de la Compagnie.

Il faut donc que la prime à demander à l'Assuré soit établie sur la moyenne des pertes précédentes de celui-ci, et que le tableau des catégories ne soit consulté que pour déterminer provisoirement la prime d'un négociant qui en serait à ses débuts.

Conséquemment, il faut encore que, chaque année, la moyenne des pertes de chacun soit tirée à nouveau, afin qu'un autre taux de prime soit indiqué s'il y a lieu.

Par ce moyen, ceux qui seront restés prudents en affaires en profiteront, et ceux, au contraire, que l'Assurance aura rendus plus légers, ne deviendront pas à charge à la Société.

Le payement de la prime ne doit aussi avoir lieu qu'en fin d'année : à quoi bon, en effet, demander à un assuré une somme dont on sera obligé de lui rendre une grande partie, sinon la totalité, et peut-être plus encore ?

C'est l'Assuré qui fait de lui-même, au moment de son entrée dans la Compagnie, la déclaration de ses pertes précédentes : on pourrait craindre que cette déclaration ne soit pas toujours faite franchement ; mais on comprendra que le négociant a au contraire un très-grand intérêt à la faire en toute sincérité, si on remarque que l'administration a réservé à son conseil le soin d'en réclamer au besoin la vérification.

Nous ajouterons, du reste, que la Compagnie, pour tirer le taux de la prime d'un assuré, déduit **20** p. 0/0 du taux précédent des pertes de celui-ci.

C'est par ce fait que l'avantage de l'Assurance sera le plus clairement démontré, et par suite, personne ne devra plus préférer rester son propre assureur : disons en passant que ce terme est impropre ; une maison, quelque puissante qu'elle soit, peut se résigner à supporter ses pertes, mais elle ne peut pas s'assurer à elle seule.

On nous a souvent demandé si dans un temps de crise générale, tous les assurés ne dépasseraient pas la limite de leurs pertes : nous n'admettons pas que ceci puisse arriver à la totalité des assurés ; il est rare que quand une branche d'industrie souffre, une autre ne prospère pas ; conséquemment, il devra toujours y avoir une répartition, toute légère qu'elle puisse être, qui sera profitable à la masse, sans être préjudiciable à aucun.

Ce sera même, plus que jamais en un temps de crise, le moment de se mettre sous l'égide tutélaire de l'Assurance contre les faillites : il ne faut pas perdre de vue qu'une semblable administration est toute paternelle, et qu'elle est appelée à devenir un préservatif contre la faillite, aussi bien que contre les faillites.

Dans tous les cas, un avantage incontestable pour l'assuré subsistera en n'importe quel temps : il est déchargé du soin si pénible de ses recouvrements, et par suite de la surveillance active que la Compagnie apporte sur les opérations de ses débiteurs, ainsi qu'à la rentrée du moindre dividende, il devra toujours compter, dans ses pertes, sur une diminution au moins égale à celle dont nous avons parlé plus haut.

Il a été constaté que rien qu'à Paris, il se perd pour cinq millions de dividendes par an, tellement chacun apporte de négligence à suivre une affaire litigieuse.

Or, il est bien à remarquer que les dividendes encaissés au nom d'un assuré n'appartiennent d'abord qu'à lui seul, et que ceux mêmes qui resteraient à encaisser les années suivantes n'entreront à la caisse de réserve que jusqu'à concurrence d'indemnité complète des assurés de l'exercice clos.

L'*Union du Commerce* a adopté un autre principe, sans lequel, de l'aveu même des négociants les plus réservés, la régénération et la moralisation des affaires commerciales, par l'Assurance contre les faillites, n'auraient jamais été une vérité. Ce principe est d'exiger que le négociant reste son propre assureur pour une partie de chacune de ses affaires.

Ceci n'empêche pas que la totalité des affaires entre indistinctement à l'Assurance, et que la Compagnie se charge des poursuites et recouvrements sur la totalité de ces affaires ; mais le négociant ne doit être indemnisé que dans la proportion de la quotité en rapport avec celle pour laquelle il est convenu de rester son propre assureur, et, par ce fait, il est contraint de se maintenir dans les limites de la prudence.

C'est un avantage pour lui-même, car, par suite de cette mesure, il ne sera pas constamment menacé de l'exclusion sous le coup de laquelle il se trouverait dans d'autres Compagnies.

Bien entendu, le taux de la prime ne frappe que sur la même quotité.

Il en est de même de la cotisation pour frais d'administration ; c'est ce qui explique que cette cotisation n'est pas plus élevée dans notre Compagnie que dans d'autres.

Aujourd'hui, cette cotisation est ainsi établie :

Quinze centimes pour cent francs, dans la première année de l'Assurance ;
Dix   »   »   »   dans la deuxième   »
Cinq   »   »   »   dans les suivantes,
quand l'assurance est faite pour moins de cinq ans ;

Et huit centimes pour cent francs chaque année, sans distinction, quand l'assurance est faite pour au moins cinq ans.

Encore faut-il remarquer :

1° Que, pour toute Assurance excédant un million de francs, les droits ci-dessus ne sont perçus que comme pour un million ;

2° Que la cotisation est payable seulement par douzième, de mois en mois, au lieu d'être exigée à l'avance pour toute l'année.

L'article 24 des statuts parle, il est vrai, d'une autre cotisation de cinq centimes pour cent francs ; mais cette dernière cotisation est seulement à prélever, en fin d'année, sur le montant de la prime des créances assurées, et à titre de forfait, pour tous les frais de poursuites judiciaires et autres.

Or, il n'est personne qui ne soit prêt à déclarer qu'il a souvent reculé devant la nécessité de charger un avoué de suivre certaines procédures, et qui, conséquemment, ne reconnaisse que la poursuite sérieuse de ses mauvaises affaires lui coûterait beaucoup plus cher que ce forfait de cinq centimes.

Et il est bon de dire, ce dont on pourra se convaincre par la lecture plus attentive des statuts de chacune des Compagnies, que celles qui demandent un moindre chiffre de frais d'administration, s'engagent moins franchement que nous *à faire tous les frais auxquels peut donner lieu le recouvrement de tout ou partie des créances sinistrées.*

Nous terminerons en disant que l'*Union du Commerce* a déjà clos un exercice, et que, malgré la diminution de 20 p. 0/0 faite sur les pertes antérieures de chaque assuré, il s'est trouvé, après payement intégral des créances sinistrées, une encaisse relativement très-considérable, et que viendront grossir encore les dividendes qui n'ont pu être touchés par la Compagnie dans l'année même.

C'est là un résultat qui constitue à jamais cette Compagnie, et qui nous fait espérer qu'elle obtiendra, à l'avenir, sur les Compagnies rivales, une préférence éclatante.

ASSURANCES SUR LA VIE.

Aujourd'hui que le luxe est une condition essentielle du succès, l'économie seule, même en la pratiquant pendant une longue carrière, ne suffit pas toujours pour amasser un capital qui puisse subvenir aux nécessités que les liens de la famille et de la société viennent créer.

Un homme, pour s'assurer quelques années de repos après une vie de labeurs ; un père de famille, pour amasser une dot à ses enfants, sont obligés de s'imposer les plus dures privations pendant les plus belles années de leur vie ; et, le plus souvent, une mort prématurée ou des accidents commerciaux viennent déjouer tous leurs calculs.

Mais si l'économie était judicieusement employée à l'Assurance sur la Vie, l'on aurait enfin trouvé le plus sûr moyen d'obtenir les garanties d'aisance et de bien-être, dans l'avenir, que l'on doit rechercher pour soi-même et pour les siens.

Les Assurances sur la Vie, pour être bien comprises, doivent être divisées en deux grandes catégories :

Dans la première,

Sont celles qui doivent profiter directement à l'Assuré, soit immédiatement, soit à partir d'une époque déterminée ;

On les a appelées : Assurances en cas de Vie ;

Dans la seconde,

Sont celles qui, faites au profit d'un tiers, par l'Assuré ou avec son consentement, ne doivent profiter à ce tiers qu'au décès de l'Assuré ;

On les a appelées : Assurances en cas de Mort.

Ces deux grandes catégories une fois posées, l'on aura tonjours la clef du genre d'Assurance qu'on devra contracter.

Les Assurances en cas de Vie renferment :

1º Les Associations mutuelles,
Pour la dot des enfants,
     leurs frais d'éducation,
     le remplacement militaire,
     le capital d'industrie,
     le prix d'une charge,
     le placement de fonds des mineurs,
     des récompenses de services,
     des œuvres de bienfaisance, etc., etc. ;

2º La Rente viagère immédiate,
Soit sur une tête, soit avec réversion d'une tête sur une autre ;

3º La Rente viagère différée,
Pour constituer par une Rente viagère, au lieu d'un capital, la fortune de ses enfants,
Se créer une pension de retraite, etc.

4º La Rente viagère différée qui ne doit être servie que temporairement,
Ou moyen de faire payer annuellement à la Compagnie, d'une époque à une autre, les frais d'éducation des jeunes gens.

Les Assurances en cas de Mort renferment :

1º L'Assurance en cas de Mort portant sans limite sur la Vie entière de l'Assuré,
Ou capital garanti comme indemnité, pour une famille, de la perte que lui occasionnerait la mort du chef,

Héritage dont le chiffre sera arrêté à l'avance,

Legs à faire sans nuire aux héritiers naturels,

Facilité pour emprunter,

Créances garanties,

Réhabilitation,

Récompenses de service,

Bonnes œuvres,

Fondation d'hôpitaux ou d'établissements de charité, etc., etc. ;

2° L'Assurance en cas de Mort contractée temporairement,

Ou moyen de ne contracter que pour un certain temps, offert au père de famille, négociant ou industriel, qui se croirait sûr d'atteindre un chiffre de fortune suffisant, si la mort ne vient pas, avant un temps donné, empêcher la réalisation de ses espérances ;

3° L'Assurance en cas de Mort, dite de survie,

C'est-à-dire contractée à la condition que le Bénéficiaire, qui devra être désigné à l'avance, survivra à l'Assuré.

4° L'Assurance en cas de Mort appliquée comme Contre-Assurance des Associations Mutuelles, et autres opérations en cas de Vie.

Avant d'entrer dans le développement de toutes ces combinaisons, nous devons dire que la Compagnie LA PROVIDENCE, qui est celle que nous recommanderons au lecteur, n'a admis la Mutualité que pour le premier mode des Assurances en cas de Vie.

La Mutualité, il est vrai, accorde tous ses bienfaits à l'Assuré, et ne laisse à la Compagnie aucun autre bénéfice qu'un simple droit de gestion déterminé par le Gouvernement ; mais il faut savoir faire la part de chaque chose ; si les opérations à prime fixe, qui sont faites aux risques et périls de la Compagnie, ont été établies de manière à ce que celle-ci y trouve une large part de bénéfices, devra-t-on pour cela s'abstenir ?

Non, car il importe beaucoup qu'une Compagnie fasse de bonnes affaires et même qu'elle le dise hautement ; sans cela elle cesserait d'exister.

Et d'ailleurs, la Compagnie *la Providence* a décidé qu'elle donnerait une participation de 50 p. 0/0 dans ses bénéfices, au contractant des principales opérations à prime fixe.

Au moment de chaque inventaire, cette participation est comptée au contractant, à son choix et selon les cas, soit en espèces, soit en une diminution proportionnelle de la prime annuelle qu'il s'était engagé à payer, soit en une augmentation de la somme assurée.

De cette sorte, outre la garantie certaine de la somme promise par les tarifs, le souscripteur d'une Assurance à prime fixe jouira aussi de l'heureuse perspective de l'Association mutuelle.

Nous devons encore ajouter, afin de n'avoir pas à le répéter à chacun de nos prospectus, que, dans les opérations à prime fixe, *la Providence* n'entend opposer à ses clients aucune déchéance absolue ;

Si le contractant oublie de payer sa prime à l'échéance, s'il n'a plus les ressources nécessaires à effectuer ce payement, si les causes qui avaient fait naître l'Assurance cessent d'exister, ou enfin si, par n'importe quelle raison, il ne lui convient plus de maintenir le contrat, la Compagnie consent immédiatement à en opérer la résiliation.

ASSOCIATION MUTUELLE

POUR

L'ACCROISSEMENT D'UN CAPITAL

EN CAS DE VIE.

Les associations mutuelles, en cas de vie, consistent à verser, dans une caisse commune, des capitaux dont chaque souscripteur consent à aliéner le principal et le revenu jusqu'à une époque déterminée, pour faire accroître, par abandon réciproque de tous droits en cas de mort, la part de ceux des sociétaires qui survivront à ladite époque.

Par ce contrat, l'épargne devient définitive et moralement obligatoire ; l'engagement pris par le souscripteur est un lien qui assure l'avenir, un préservatif contre toute tendance à révoquer le lendemain la bonne action de la veille.

Aussi, la mutualité accorde-t-elle de larges avantages à ceux qui savent lui donner leur confiance.

Elle offre le meilleur moyen de pourvoir amplement aux frais d'éducation des enfants, aux dépenses de leur apprentissage ou de leur remplacement militaire, ainsi qu'à la constitution d'une dot, d'un capital industriel, et du prix d'une charge.

A côté du père de famille, viendront :

Les tuteurs, pour placer les biens qu'ils auront à administrer ;
Les personnes bienfaisantes, pour décupler l'effet de leurs bonnes œuvres ;
Celles reconnaissantes, pour donner plus largement le prix des services rendus ;
Le ménage sans enfants, pour augmenter son bien-être dans des proportions considérables ;
Et enfin, les employés de tout âge, pour acquérir un capital qui leur permettra un jour de s'établir, ou qui, placé plus tard en viager, leur assurera définitivement une existence indépendante de tout événement.

Quelques Compagnies ont établi autant de caisses mutuelles qu'elles avaient trouvé de combinaisons différentes ; d'autres n'ont admis dans une même caisse que des personnes du même sexe, du même âge, et souscrivant pour la même durée ; d'autres enfin, après avoir admis différentes caisses, ont pris l'habitude, pour simplifier leurs écritures, de faire tous les ans, sur leurs livres, une répartition portant indistinctement sur la tête de tous leurs souscripteurs.

Mais en disséminant par trop les intérêts on leur fait perdre toute l'efficacité de l'association, de même qu'en les généralisant par trop, on enlève à chacun la perspective d'une chance que le hasard pouvait lui rendre favorable.

Ces différentes manières d'opérer mettent du reste le souscripteur dans l'obligation, soit de faire des versements changeant tous les ans de quotité, soit de s'engager pour un nombre d'années qui ne remplit pas ses vues.

Aussi, pour obvier à ces divers inconvénients, la Compagnie *la Providence* a-t-elle décidé que les souscriptions seraient reçues indistinctement sur la tête des personnes des deux sexes et de tous âges, et par sommes déterminées à la volonté de chacun.

Le minimum a été fixé à 20 fr. pour les versements annuels, et à 100 fr. pour le versement unique.

Elle a de plus déclaré qu'elle n'ouvrirait qu'une seule caisse par an ; que cette caisse resterait ouverte pendant vingt ans, ce qui n'empêcherait pas l'assuré de contracter pour une moins longue période, mais que celui-ci serait alors classé dans celle des caisses n'ayant plus à courir que le nombre d'années pour lequel il voudra souscrire.

A cet effet, chacun est ramené dans sa société à une égalité proportionnelle, au moyen des tables officielles de mortalité, et suivant des tableaux qui, après avoir été soumis au gouvernement, sont maintenant appliqués sous sa surveillance.

La Compagnie énonce donc, sur sa Police d'assurance, la somme au prorata de laquelle le sociétaire devra venir au partage de la masse sociale.

Cette somme devra se trouver composée :

1° De la totalité des mises ;

2° Des intérêts capitalisés tous les six mois ;

3° D'une part proportionnelle dans les mises et les intérêts capitalisés des décédés ;

4° D'une part proportionnelle dans les intérêts des capitaux versés par ceux des sociétaires qui, aux termes de l'article 29 des statuts seraient tombés en déchéance ;

5° D'une part proportionnelle dans les capitaux mêmes de ceux desdits sociétaires déchus, qui ne prouveraient pas leur existence au moment de la répartition ;

6° D'une part proportionnelle dans les capitaux, intérêts capitalisés et bénéfices, des survivants qui ne viendraient pas, dans les délais voulus par l'article 40 des statuts, accomplir les formalités nécessaires pour faire constater leurs droits au partage.

De la réunion de tant de causes de bénéfices naît, pour le souscripteur, l'assurance d'un capital considérablement accru ; la Compagnie ne s'en réserve aucune part, et ne demande pour tous droits de gestion qu'une simple commission de cinq pour cent.

Quant aux garanties qu'offre la Compagnie, il n'est plus besoin, aujourd'hui, d'en parler. Un décret du Gouvernement, en date du 20 mars 1848, ordonne que le montant des arrérages et annuités à percevoir soit versé au trésor public , sous la garantie de l'Etat.

Ce même décret accorde 5 p .0/0 d'intérêt par an ; les bénéfices de l'association mutuelle deviendront donc plus forts que jamais, car, jusqu'à présent, l'intérêt obtenu par elle n'était que de 3 1/2 à 4 p. 0/0.

Il est bon de dire, cependant, que *la Providence* est constituée en Compagnie anonyme, et que cette constitution est la seule qui puisse offrir un gage sérieux de stabilité et de durée.

Or, il importe beaucoup que les Compagnies offrent ce gage aux contractants, dans les transactions qui, pour être fructueuses, doivent se répéter à l'infini, et surtout, quand l'effet ne doit en être réalisé que dans des temps éloignés.

ASSURANCES

DE

RENTES VIAGÈRES IMMÉDIATES.

Les célibataires, les époux sans enfants, et tous ceux qui ont besoin d'obtenir un intérêt élevé, pour augmenter l'aisance de leur vieillesse, recherchent les placements en viager.

Les Assurances de rentes viagères ne diffèrent aucunement, quant à leur nature, de cesdits placements, connus encore sous le nom de placements à fonds perdu.

La raison qui, pour le contrat, fera donner la préférence à une Compagnie anonyme bien constituée, plutôt qu'à des particuliers, quels qu'ils soient, découle nécessairement des causes suivantes :

Dans les placements sur particuliers, l'hypothèque est, sans contredit, le gage le plus solide qui puisse être offert au rentier viager. Ce gage paraît toujours sûr et l'est souvent en effet. Cependant, quelque sûr qu'il paraisse, il laisse peser sur le rentier viager beaucoup d'éventualités très-inquiétantes.

Tantôt c'est une hypothèque antérieure qui avait échappé à l'attention et aux recherches du contractant.

Tantôt c'est une reprise dotale qui vient partager ou absorber le gage.

Tantôt c'est la propriété hypothéquée qui se détériore ou se détruit. Ou bien le débiteur de la rente a su tromper le rentier sur la valeur de cette propriété qui ne fournit à celui-ci qu'un gage insuffisant.

Et même, en supposant que le gage soit suffisant, si le débiteur n'a pas d'argent pour payer la rente ; si, par mauvaise foi, par mauvaise volonté, par esprit de chicane ou par toute autre cause, il en suspend le payement, que devient alors la position de rentier ?

Il a son gage, mais ce gage n'existe pas sous la forme d'une valeur liquide et disponible.

Il faut que le rentier subisse un procès, qu'il poursuive une expropriation, qu'il s'engage peut-être dans un ordre, qu'il avance des frais de procédure très-onéreux, au moment même où la jouissance de son revenu étant suspendue, il se trouve dans la détresse. Il faut enfin, pendant toute la durée de ces procédures toujours si lentes, supporter la privation de sa rente.

Un autre sujet de sollicitude préoccupe singulièrement tous ceux qui se font constituer des rentes viagères par des particuliers.

Il est très-pénible de savoir qu'il existe une personne à qui votre vie est à charge, de vivre près de cette personne, d'avoir avec elle des relations indispensables.

Toute rente viagère, constituée sur un particulier, place le rentier dans cette situation si désagréable et si contraire à ses convenances.

Dans la rente viagère constituée par notre Compagnie, au contraire, rien de semblable n'est à craindre.

Nous ne connaissons pas nos rentiers.

Nous n'avons pas même l'occasion de penser à la mort de tel ou de tel d'entre eux.

Ainsi, en s'adressant à nous, le contractant n'a plus rien à redouter ; il y a mieux : c'est qu'opérant sur des masses, et avec des chances infinies de mortalité, nous pouvons tout d'abord lui servir un taux d'intérêt plus élevé qu'un simple particulier ; puis, par suite de la participation de 50 pour 0/0 dans nos bénéfices, lui offrir un accroissement successif de revenus, à mesure qu'il avancera en âge et que ses besoins se multiplieront.

Quand à la sûreté du placement, elle repose d'abord sur un capital social dont la quotité réglée en raison de l'importance probable des opérations de la Compagnie, a été soumise à l'appréciation du gouvernement et jugée par lui suffisante pour offrir au public de larges garanties.

Elle résulte, en outre, de ce que le montant des primes payées à la Compagnie est immédiatement employé en acquisitions d'immeubles ou de créances hypothécaires, ou converti en effets publics, de telle sorte qu'en plaçant en rente viagère une somme quelconque entre les mains de la Compagnie, tout contractant peut compter que cette somme est représentée par une valeur immobilière ou mobilière qui produit, au profit de la Compagnie, un revenu régulier, et qui, avec la compensation des bénéfices des décès anticipés, la mettra toujours à même de remplir ses engagements.

La rente viagère n'est ordinairement constituée que sur une tête ; la Compagnie a admis cependant qu'elle pourrait être, au besoin, constituée sur deux têtes, c'est-à-dire être partagée par deux amis, ou même, sans avoir été partagée, être reversible d'une tête sur une autre, au décès de la première, et ne s'éteindre qu'après la mort des deux.

TARIF

DES RENTES VIAGÈRES IMMÉDIATES SUR UNE SEULE TÊTE,

payables de six mois en six mois.

AGE du RENTIER.	TAUX de l'intérêt pour 100 FRANCS.		AGE du RENTIER.	TAUX de l'intérêt pour 100 FRANCS.		AGE du RENTIER.	TAUX de l'intérêt pour 100 FRANCS.	
	fr.	c.	ans.	fr.	c.	ans.	fr.	c.
Naissance.	6	06	31	5	51	62	9	95
1	5	23	32	5	56	63	10	16
2	5	08	33	5	61	64	10	41
3	4	94	34	5	67	65	10	68
4	4	86	35	5	73	66	10	94
5	4	82	36	5	79	67	11	20
6	4	79	37	5	86	68	11	47
7	4	77	38	5	93	69	11	75
8	4	76	39	6	02	70	12	»
9	4	75	40	6	11	71	12	25
10	4	76	41	6	22	72	12	51
11	4	78	42	6	32	73	12	80
12	4	81	43	6	44	74	13	03
13	4	84	44	6	56	75	13	31
14	4	87	45	6	69	76	13	57
15	4	91	46	6	83	77	13	83
16	4	94	47	6	98	78	14	13
17	4	97	48	7	13	79	14	47
18	5	01	49	7	30	80	14	89
19	5	04	50	7	46	81	15	27
20	5	08	51	7	62	82	15	64
21	5	11	52	7	80	83	15	96
22	5	14	53	7	99	84	16	28
23	5	17	54	8	19	85	16	55
24	5	21	55	8	40	86	16	82
25	5	25	56	8	60	87	17	03
26	5	29	57	8	84	88	17	25
27	5	33	58	9	07	89	17	41
28	5	37	59	9	28	90	17	57
29	5	41	60	9	51			
30	5	46	61	9	74			

TARIF

DES RENTES VIAGÈRES IMMÉDIATES SUR DEUX TÊTES,

payables de six mois en six mois.

AGE d'un rentier.	AGE de l'autre.	TAUX de l'intérêt pᵣ 100 fr.	AGE d'un rentier.	AGE de l'autre.	TAUX de l'intérêt pᵣ 100 fr.	AGE d'un rentier.	AGE de l'autre.	TAUX de l'intérêt pᵣ 100 fr.
		fr. c.			fr. c.			fr. c.
35.	55	4 85	45	45	5 53	60	60	7 57
	40	4 97		50	5 76		65	8 09
	45	5 11		55	5 95		70	8 52
	50	5 24		60	6 13		75	8 85
	55	5 35		65	6 31		80	9 12
	60	5 44		70	6 44	65	65	8 34
	65	5 53		75	6 55		70	9 01
	70	5 61		80	6 60		75	9 54
	75	5 65	50	55	6 33		80	9 95
	80	5 70		60	6 60	68	70	9 37
40	40	5 13		65	6 85		75	10 00
	45	5 31		70	7 06		80	10 51
	50	5 48		75	7 20	70	70	9 64
	55	5 61		80	7 32		75	10 35
	60	5 74	55	60	7 02		80	10 88
	65	5 86		65	7 39	75	78	11 72
	70	5 95		70	7 69		80	12 04
	75	6 03		75	7 91	78	80	12 80
	80	6 06		80	8 08	80	80	13 31

RENTE VIAGÈRE DIFFÉRÉE.

La rente viagère différée est celle qui est constituée de manière à ce que la jouissance n'en commence qu'après un certain nombre d'années. Cette combinaison est malheureusement trop négligée par quelques compagnies, ou plutôt par leurs agents, car elle a des applications très-variées, et donne aux assurés des résultats excessivement avantageux.

Si le père de famille, qui voudrait contracter une association mutuelle au profit de ses enfants, se demande s'il ne doit pas leur assurer une rente inaliénable, plutôt qu'un capital que ceux-ci pourraient dissiper, il aura évidemment recours à la rente viagère différée.

De même, lorsqu'il sera arrivé à l'époque du mariage de ses enfants, époque si délicate dans la vie, et où se privant d'une grande partie de ses économies ou de son capital industriel, pour leur constituer une dot, il est encore inquiet sur l'avenir de ses enfants, le père de famille ferait un acte de sage prévoyance, en plaçant une partie de la dot en Assurance de rente viagère différée.

Mais c'est surtout à la classe si nombreuse d'employés que cette Assurance s'adresse. Déjà, depuis longtemps, toutes les administrations civiles et militaires en ont senti la nécessité ; qu'est-ce autre chose, en effet, que la retenue faite à chaque employé sur son traitement pour lui ouvrir une caisse de retraite ?

Seulement, dans l'administration, celui qui perd son emploi perd en même temps les capitaux qui lui ont été retenus.

Ici, au contraire, le défaut même de satisfaire aux charges de la société, c'est-à-dire de payer la prime annuelle, n'amène pour l'assuré qu'une diminution d'intérêts.

La mort seule entraîne irrévocablement la perte des primes payées à la Compagnie, et, au surplus, c'est justement cette chance de vie ou de mort qui doit accroître le revenu des survivants, car l'assuré de cette catégorie a également droit à la participation de 50 pour 0/0 dans les bénéfices de la Compagnie.

TARIFS

DES RENTES VIAGÈRES DIFFÉRÉES.

Caisse particulière

des Enfants qui vivront à 20 ans révolus.

ASSURANCE DE 100 FRANCS.

AGE DE L'ASSURÉ.	PRIME UNIQUE.		PRIME ANNUELLE.		AGE DE L'ASSURÉ.	PRIME UNIQUE.		PRIME ANNUELLE.	
Naissance..	454	838	52	764	6 ans....	975	718	93	724
1 an.....	613	343	59	401	7	1022	695	103	182
2 ans....	725	228	65	453	8	1069	055	114	209
3	807	287	71	690	9	1115	954	127	254
4	871	764	78	192	10	1164	158	142	943
5	926	353	85	485	—	—		—	

Caisse générale

pour venir en jouissance après un certain nombre d'années.

ASSURANCE DE 100 FRANCS.

AGES.	APRÈS 15 ANS. Prime annuelle.		APRÈS 20 ANS. Prime annuelle.		APRÈS 25 ANS. Prime annuelle.		APRÈS 30 ANS. Prime annuelle.		APRÈS 35 ANS. Prime annuelle.	
	fr.	c.	fr.	c.	fr.	c.	fr.	c.	fr.	c.
20 ans....	69	72	42	13	26	34	16	47	10	05
22	67	50	40	45	24	98	15	37	9	19
24	65	22	38	69	23	59	14	24	8	29
26	62	85	36	88	22	15	13	11	7	42
28	60	36	34	98	20	66	11	94	6	55
30	57	77	33	01	19	11	10	76		
32	55	06	30	98	17	55	9	59		
34	52	25	28	87	15	97	8	44		
36	49	30	26	71	14	37				
38	46	25	24	51	12	78				
40	43	08	22	27						
42	39	86	20	04						
44	36	58	17	81						
46	33	27								
48	29	95								

RENTE VIAGÈRE DIFFÉRÉE

SERVIE TEMPORAIREMENT.

Il y a des situations, dans la vie, où l'on pense n'avoir besoin d'une augmentation de revenu que pour une époque certaine, et seulement pendant un temps limité.

Ainsi, les enfants, dans leurs premières années, ne nécessitent pas un surcroît bien lourd de dépenses, mais lorsqu'il s'agit de pourvoir aux frais de leurs études, la somme qu'il faut leur sacrifier est quelquefois onéreuse au ménage.

Combien le père de famille ne regrette-t-il pas souvent alors de n'avoir pas placé quelques économies, qui lui viendraient si puissamment en aide à ce moment.

Supposons, par exemple, un ménage vivant avec un modique traitement ou un léger revenu ; il se sera fait un bilan de dépenses, et il sera tout surpris, à l'époque de l'éducation ou de l'apprentissage de ses enfants, de n'avoir pas pensé qu'avec ceux-ci, les dépenses ne pouvaient être annuellement uniformes.

C'est à cet égard qu'a été instituée la rente viagère différée qui ne doit être servie que temporairement.

S'agit-il des études ordinaires ?

L'Assuré aura besoin de toucher sa rente de 9 à 18 ans ; eh bien, si le père a contracté l'Assurance au moment de la naissance de son enfant, il touchera 900 fr. pour une somme de 355 fr. déboursée en une seule fois, ou de 471 fr., déboursée dans l'espace de 9 années, ce qui lui donne une bien plus grande facilité !

S'il s'agit des hautes études, que l'on ne commence d'ordinaire qu'à l'âge de 18 ans, et qui doivent se trouver achevées à l'âge de 23 ans, en supposant toujours que l'Assurance ait été contractée au moment de la naissance de son enfant, le père de famille recevra 1,000 fr. pour 292 fr. déboursés en une seule fois, ou pour 502 fr. déboursés dans l'espace de 18 années !

Évidemment, ce mode d'Assurance pourrait être remplacé par l'Association mutuelle en cas de Vie, qui répond à toutes les vues, à toutes les combinaisons ; mais chaque chose doit venir en son temps, et avoir son emploi particulier.

Ainsi, le père de famille, qui aura souscrit au profit de ses enfants une Assurance, en Association mutuelle, pourra désirer en laisser le produit éventuel pour leur dot, et par cet autre système, s'assurer la somme fixe qui lui sera nécessaire, pour subvenir aux frais d'éducation de ces mêmes enfants.

Au surplus, il n'est pas à dire que ce mode d'Assurance ne puisse être employé que par les pères de famille :

Il existe des âmes généreuses toujours à la recherche du bien qu'elles peuvent faire, et nous avons dû ouvrir une porte de plus à leur générosité.

TARIFS,

ASSURANCE D'UNE RENTE DE 100 FRANCS,

payable si l'assuré est vivant à l'âge de 9 ans accomplis, et jusqu'à ce qu'il ait atteint l'âge de 18 ans accomplis.

AGE DE L'ASSURÉ.	PRIME ANNUELLE.	PRIME UNIQUE.	AGE DE L'ASSURÉ.	PRIME ANNUELLE.	PRIME UNIQUE.
Naissance..	52 42	335 45	5 ans....	163 25	605 18
1 an.....	71 72	457 48	6	223 55	638 49
2 ans....	85 05	496 13	7	343 93	671 67
3	102 65	535 57	8	705 20	705 20
4	126 90	571 46	9	739 72	739 72

ASSURANCE D'UNE RENTE DE 100 FRANCS,

payable si l'assuré est vivant à l'âge de 18 ans accomplis, et jusqu'à ce qu'il ait atteint l'âge de 23 ans accomplis.

AGE DE L'ASSURÉ.	PRIME ANNUELLE.	PRIME UNIQUE.	AGE DE L'ASSURÉ.	PRIME ANNUELLE.	PRIME UNIQUE.
Naissance..	13 98	146 01	10 ans...	45 84	318 06
1 an.....	16 94	188 07	11 ...	53 73	332 21
2 ans....	18 62	203 79	12 ...	63 85	346 22
3	20 48	220 00	13 ...	78 29	300 84
4	22 59	234 74	14 ...	99 98	376 10
5	24 99	248 59	15 ...	136 22	392 01
6	27 78	262 27	16 ...	208 75	408 63
7	31 07	275 90	17 ...	426 47	426 47
8	35 02	289 67	18 ...	445 13	445 13
9	39 83	303 86	—	—	—

ASSURANCE EN CAS DE MORT

PORTANT SANS LIMITE

SUR LA VIE ENTIÈRE DE L'ASSURÉ.

L'Assurance en cas de Mort, portant sans limite sur la vie entière de l'Assuré, est le contrat le plus positif qu'on puisse passer ; car, puisque la Mort doit tous nous atteindre un jour, la Compagnie sera tôt ou tard dans l'obligation de remplir son engagement.

En un mot, par ce contrat, la Compagnie s'oblige à payer un capital, à qui de droit, le jour de la mort de l'Assuré, quel que soit ce jour, serait-ce même le lendemain de la signature dudit contrat.

Nous l'avons dit, et cela se comprend de reste, une semblable Assurance ne peut être contractée qu'au profit d'un tiers ; il n'en existe cependant aucune autre susceptible de recevoir d'applications aussi variées.

Elle s'adresse indistinctement à l'homme le plus pauvre comme au plus riche, et permet à chacun d'assurer à ses enfants, dans la proportion de ses facultés, un héritage que rien ne saurait leur enlever.

Elle convient principalement :

1ᵒ A tout homme ayant une industrie que nul autre des siens ne pourrait continuer après lui, ou ne possédant qu'un revenu qui doit s'éteindre avec lui.

La Mort serait dans ce cas, pour la famille, un sinistre que le contrat d'Assurance viendra réparer au moins en partie ;

2ᵒ A tout homme voulant arrêter à l'avance l'héritage de ses enfants, soit pour éviter des licitations entre eux, soit pour profiter plus largement du reste de sa fortune, ou encore en laisser une partie exposée à quelque chance industrielle ;

3ᵒ A celui qui voudrait, avec le fruit de ses économies, constituer un héritage à qui que ce soit, sans que ses héritiers naturels en aient connaissance, ou puissent y voir le moindre sujet de plaintes ;

4° A un emprunteur, pour trouver plus de facilités ;

5° A un créancier, pour obtenir une garantie ;

6° A un fils consciencieux, pour réhabiliter la mémoire de son père mort insolvable ;

7° Enfin, à tous ceux qui auront à récompenser certains services, qui voudront faire quelques bonnes œuvres, ou fonder des hôpitaux, des établissements de charité et même des prix d'encouragement.

Cette Assurance, faite par un négociant père de famille, lui permettra de cesser de travailler avant qu'il n'ait atteint l'âge des infirmités.

D'un autre côté, elle pourra aussi faciliter certains mariages.

Tous les pères de famille n'auront pas connu en temps utile l'Association mutuelle, et l'on sait cependant combien d'hommes occupant un poste élevé, souvent plus honorifique que lucratif, ont de peine à marier convenablement leurs enfants. Quelquefois, la garantie seule d'un héritage convenable lèverait la difficulté, l'Assurance en cas de Mort leur viendra donc alors en aide.

L'Assurance en cas de Mort est le plus ordinairement contractée sur une seule tête, mais elle peut l'être sur deux, et avec convention que le capital assuré sera payé : soit aussitôt le décès de la première, soit après le décès des deux.

Cette Assurance est une de celles dans lesquelles le contractant jouit de la participation de 50 p. 0/0 accordée par la Compagnie.

ASSURANCE D'UN CAPITAL DE 1,000 FRANCS

EXIGIBLE AU DÉCÈS D'UN ASSURÉ.

AGES.	PRIME ANNUELLE.	AGES.	PRIME ANNUELLE.	AGES.	PRIME ANNUELLE.
1	26 06	21	20 10	41	33 84
2	19 37	22	20 59	42	34 95
3	16 29	23	21 08	43	36 12
4	14 85	24	21 58	44	37 37
5	14 23	25	22 10	45	38 68
6	14 05	26	22 62	46	40 08
7	14 14	27	23 17	47	41 56
8	14 37	28	23 73	48	43 13
9	14 69	29	24 31	49	44 79
10	15 07	30	24 91	50	46 55
11	15 49	31	25 54	51	48 42
12	15 92	32	26 20	52	50 40
13	16 37	33	26 88	53	52 51
14	16 82	34	27 60	54	54 74
15	17 28	35	28 35	55	57 11
16	17 74	36	29 15	56	59 62
17	18 21	37	29 99	57	62 29
18	18 68	38	30 88	58	65 13
19	19 15	39	31 81	59	68 13
20	19 62	40	32 80	60	71 33

ASSURANCE D'UN CAPITAL DE 1,000 FRANCS

SUR DEUX TÊTES,

EXIGIBLE APRÈS LE DÉCÈS DES DEUX.

Âge d'un assuré.	Âge de l'autre.	PRIME à payer jusqu'à la mort du premier.		PRIME à payer jusqu'à la mort des deux.	
		fr.	c.	fr.	c.
15	15	12	38	8	65
	20	13	56	9	34
	25	14	76	10	02
	30	16	08	10	72
	35	17	59	11	45
	40	19	43	12	22
	45	21	72	13	01
	50	24	61	13	80
	55	28	31	14	55
	60	33	09	15	23
30	30	20	99	13	81
	35	22	99	14	96
	40	25	39	16	19
	45	28	37	17	47
	50	32	12	18	78
	55	36	89	20	03
	60	43	04	21	19
45	45	38	28	23	69
	50	43	22	26	14
	55	49	46	28	60
	60	57	43	30	93

Âge d'un assuré.	Âge de l'autre.	PRIME à payer jusqu'à la mort du premier.		PRIME à payer jusqu'à la mort des deux.	
		fr.	c.	fr.	c.
20	20	14	86	10	12
	25	16	19	10	91
	30	17	64	11	72
	35	19	31	12	57
	40	21	34	13	46
	45	23	85	14	39
	50	27	02	15	33
	55	31	08	16	23
	60	36	33	17	05
35	35	25	19	16	31
	40	27	82	17	77
	45	31	07	19	31
	50	35	15	20	88
	55	40	33	22	41
	60	46	99	23	82
50	50	48	74	29	22
	55	55	66	32	42
	60	64	46	35	55

Âge d'un assuré.	Âge de l'autre.	PRIME à payer jusqu'à la mort du premier.		PRIME à payer jusqu'à la mort des deux.	
		fr.	c.	fr.	c.
25	25	17	66	11	80
	30	19	25	12	74
	35	21	08	13	72
	40	23	28	14	77
	45	26	02	15	86
	50	29	47	16	96
	55	33	88	18	01
	60	39	58	18	99
40	40	30	73	19	51
	45	34	51	21	39
	50	38	78	23	34
	55	44	44	25	25
	60	51	70	27	03
55	55	63	39	36	57
	60	73	14	40	80
60	60	84	01	46	43

ASSURANCE D'UN CAPITAL DE 1,000 FRANCS

SUR DEUX TÊTES,

EXIGIBLE AU PREMIER DÉCÈS.

AGE d'un assuré.	AGE de l'autre.	PRIME ANNUELLE.	AGE d'un assuré.	AGE de l'autre.	PRIME ANNUELLE.	AGE d'un assuré.	AGE de l'autre.	PRIME ANNUELLE.
15	15	29 65	20	20	33 57	25	25	37 50
	20	31 63		25	35 58		30	39 70
	25	33 70		30	37 87		35	42 52
	30	36 07		35	40 79		40	46 34
	35	39 06		40	44 72		45	51 66
	40	43 04		45	50 12		50	59 01
	45	48 49		50	57 54		55	69 12
	50	55 95		55	67 71		60	82 95
	55	66 14		60	81 57			
	60	80 01						
50	30	41 78	35	35	46 97	40	40	53 73
	35	44 46		40	50 47		45	58 46
	40	48 14		45	55 45		50	65 25
	45	53 31		50	62 49		55	74 84
	50	60 55		55	72 33		60	88 21
	55	70 55		60	85 93			
	60	84 30						
45	45	62 90	50	50	75 47	55	55	92 72
	50	69 37		55	84 33		60	104 85
	55	78 64		60	96 97	60	60	116 38
	60	91 69						

ASSURANCE EN CAS DE DE MORT

CONTRACTÉE TEMPORAIREMENT.

L'Assurance en cas de Mort, contractée temporairement, est celle par laquelle la Compagnie ne s'engage à payer la somme promise pour le jour du décès de l'Assuré, que si le décès a lieu dans l'espace de temps indiqué au contrat.

Si l'Assuré est vivant à l'époque déterminée, la Compagnie se trouve libérée de ses engagements, et les primes qui ont été payées lui demeurent acquises comme prix du risque qu'elle a couru.

Ainsi que nous l'avons dit dans notre aperçu général, ce mode d'Assurance ne peut guère convenir qu'à la personne qui se croirait sûre d'atteindre, dans un temps donné, un chiffre de fortune suffisant, mais qui voudrait bien prévoir que toutes ses espérances, à l'égard de ses héritiers, pourraient être dérangées par une mort subite.

Nous devons cependant déclarer que cette Assurance peut recevoir beaucoup des applications de celle portant sur la vie entière ; entre autres, faciliter des emprunts et garantir le remboursement d'anciennes créances.

Il pourrait se faire en effet que l'emprunt fût contracté pour peu d'années, ou que le remboursement d'une ancienne créance fût promis pour des époques assez rapprochées ; dans ce cas, si le contractant ne voyait aucun autre but à son Assurance, il pourrait profiter de ce mode, qui repose sur un tarif plus avantageux pour lui, en raison des chances plus grandes dont profite la Compagnie.

ASSURANCE D'UN CAPITAL DE 1,000 FRANCS

EXIGIBLE SI LE DÉCÈS DE L'ASSURÉ A LIEU DANS LE COURS D'UN TEMPS DÉTERMINÉ.

AGES.	POUR 1 AN. PRIME unique.		POUR 5 ANS. PRIME annuelle.		POUR 10 ANS. PRIME annuelle.		AGES.	POUR 1 AN. PRIME unique.		POUR 5 ANS. PRIME annuelle.		POUR 10 ANS. PRIME annuelle.	
	fr.	c.	fr.	c.	fr.	c.		fr.	c.	fr.	c.	fr.	c.
21	12	19	12	97	13	67	41	19	37	20	39	22	90
22	12	60	13	36	14	12	42	19	86	20	98	22	63
23	13	03	13	74	14	47	43	20	40	21	62	23	43
24	13	42	14	11	14	82	44	20	99	22	33	24	30
25	13	80	14	46	15	15	45	21	64	23	10	25	26
26	14	16	14	79	15	48	46	22	35	23	95	26	31
27	14	50	15	11	15	80	47	23	13	24	88	27	43
28	14	84	15	43	16	12	48	23	98	25	90	28	09
29	15	17	15	75	16	44	49	24	92	27	02	30	03
30	15	47	16	06	16	77	50	25	95	28	24	31	52
31	15	80	16	38	17	11	51	27	07	29	57	33	12
32	16	12	16	70	17	46	52	28	50	31	02	34	86
33	16	42	17	02	17	82	53	29	64	32	61	36	75
34	16	73	17	36	18	21	54	31	11	34	32	38	78
35	17	03	17	71	18	62	55	32	71	36	19	41	»
36	17	39	18	08	19	06	56	34	44	38	22	43	39
37	17	73	18	47	19	54	57	36	33	40	42	45	97
38	18	10	18	89	20	06	58	38	37	42	80	48	75
39	18	49	19	35	20	62	59	40	60	45	59	51	76
40	18	91	19	85	21	23	60	43	02	48	19	55	01

ASSURANCE EN CAS DE MORT

SOUS CONDITION DE SURVIE.

Cette Assurance, appelée simplement *de survie*, ne peut être contractée que sur la tête de deux personnes, dont l'une, spécialement désignée, doit survivre à l'autre.

La personne désignée comme devant survivre à l'autre est souvent aussi celle désignée comme devant être bénéficiaire du contrat. Cependant, le bénéficiaire peut être une troisième personne; mais, dans ce cas, il faut le consentement des deux autres.

L'Assurance, et conséquemment le payement de la prime annuelle, cesse dès le premier décès; si ce décès a eu lieu selon l'indication donnée, la Compagnie paye la somme assurée; sinon les primes perçues lui demeurent acquises.

Cette Assurance convient à toute personne dont la mort laisserait dans le besoin un ami qui lui est cher; au mari qui voudrait laisser à sa femme des garanties d'existence, pour le cas où elle lui survivrait; et, par-dessus tout, à un fils seul appui de ses vieux parents, qui sentirait la nécessité de leur assurer des ressources, afin que sa mort prématurée ne les laissât pas dans la misère.

C'est principalement dans ce dernier cas que l'Assurance pourra être contractée sans de grands sacrifices. Si la personne désignée comme devant survivre à l'autre était la plus jeune, l'Assurance pourrait être assez coûteuse; mais si, au contraire, elle est la plus âgée, on comprendra facilement que la prime d'Assurance soit peu élevée, car alors les chances sont en toute probabilité pour la Compagnie.

Du reste, le contractant pouvant faire assurer, à son choix, soit un capital, soit une rente viagère, trouvera encore, par ce dernier mode, un allègement à ses sacrifices.

C'est en examinant ainsi ces diverses chances qu'on peut arriver au choix des meilleures combinaisons, et quelquefois contracter deux Assurances au lieu d'une.

Qu'on nous permette un exemple : celui qui écrit ces lignes ayant perdu, dans les affaires commerciales, une partie du capital de sa mère, a contracté sur sa tête une Assurance de rente viagère au profit de sa mère ; s'il eût contracté une Assurance de capital, les primes à payer auraient coûté plus cher, et n'en auraient pas moins été exposées à être perdues. Eh bien! avec la différence de prix, il a pu souscrire sur la tête de sa mère une assurance ordinaire en cas de mort, et s'est conséquemment assuré la somme nécessaire pour rendre compte à ses frères de leur part d'héritage.

Le contractant a également droit, ici , à la participation de 50 p. 0/0 accordée par la Compagnie.

TARIF

DES ASSURANCES DE SURVIE.

ÂGE du SURVIVANT désigné.	AGE de L'ASSURÉ.	Pour UN CAPITAL de 1,000 fr.	Pour UNE RENTE VIAGÈRE de 100 fr.	AGE du SURVIVANT désigné.	AGE de L'ASSURÉ.	Pour UN CAPITAL de 1,000 fr.	Pour UNE RENTE VIAGÈRE de 100 fr.
		fr. c.	fr. c.			fr. c.	fr. c.
10	20	17 40	26 70	20	20	16 78	23 39
	30	21 93	34 93		30	21 25	30 61
	40	30 19	47 75		40	29 47	42 09
	50	43 88	71 29		50	43 12	65 60
	60	68 81	115 02		60	68 »	103 90
30	20	16 62	19 97	40	20	15 25	16 37
	30	20 89	25 99		30	19 12	21 07
	40	29 03	35 79		40	26 87	28 75
	50	42 75	54 90		50	40 51	44 58
	60	67 74	91 49		60	65 73	76 11
50	20	14 42	12 70	60	20	13 58	9 20
	30	17 80	16 17		30	16 56	11 65
	40	24 74	21 61		40	22 48	15 16
	50	37 74	33 42		50	34 09	23 04
	60	62 89	58 26		60	58 19	40 47

ASSURANCE EN CAS DE MORT,

DITE

CONTRE - ASSURANCE.

On a dû remarquer une chose qui est tellement simple, que nous pensions n'avoir pas à la dire ; mais cela nous devient indispensable pour l'éclaircissement de cette dernière combinaison :

Dans une Assurance en cas de mort, il faut le décès de la personne assurée pour que le bénéficiaire jouisse du contrat ; dans une Assurance en cas de vie, au contraire, il faut, par la même cause, l'existence de la personne assurée.

Or, l'assuré de cette catégorie, lors même qu'il aurait traité pour lui, pourrait fort bien désirer qu'au jour de son décès les sommes qu'il se trouverait avoir versées à la Compagnie retournassent à ses héritiers.

Il fallait donc une contre-Assurance des Assurances en cas de vie ; c'est ce mode que nous présentons ici. Il devenait surtout indispensable lorsque l'Assurance avait été contractée par un tiers, et surtout par un père de famille.

Il est bien naturel, en effet, que lorsqu'un sentiment d'affection et de dévouement porte à préparer le bien-être de ses enfants ou de ses protégés, on craigne néanmoins de perdre pour soi-même le fruit des économies ou des privations qu'on s'impose.

Il faut même songer qu'il peut venir d'autres enfants, sur lesquels on devra reporter le sacrifice qui aurait été fait en pure perte pour ceux décédés.

Telles sont les réflexions qui ont fait naître la contre-Assurance ; elle a été imaginée, en premier lieu, pour les Associations mutuelles, et il est même rare que l'une soit contractée sans l'autre.

Mais nous devons en recommander aussi l'application principalement aux Assurances de rentes viagères différées.

Cette application demandant un travail de chiffres assez compliqué, qu'il suffise au lecteur de savoir qu'elle est peu coûteuse, et nous lui indiquerons les chiffres exacts en temps et lieu.

ASSURANCE CONTRE L'INCENDIE.

Est-il rien à dire de l'Assurance contre l'incendie ? Qui ne sait déjà que cette Assurance coûte excessivement bon marché, relativement aux risques qu'on peut courir ?

Nous n'avons qu'une chose à rappeler au lecteur, c'est que deux principes se trouvent en présence : la mutualité et la prime fixe. Toutes deux garantissent les pertes occasionnées par l'incendie et le feu du ciel, sur :

Maisons et bâtiments de toute espèce ;

Mobilier de ménage et d'industrie ;

Marchandises de toute espèce ;

Fermes, récoltes, bestiaux ;

Bois et forêts, etc.

Seulement, il existe des Compagnies qui ont leur spécialité ; aussi n'avons-nous pas voulu nous attacher à aucune administration pour l'Assurance contre l'incendie.

Que le contractant ait quelque confiance en nous, nous lui indiquerons le mode le plus convenable à ses intérêts.

La loi veut que le locataire réponde du dommage causé à autrui par un incendie, à moins qu'il ne prouve que l'incendie est arrivé par force majeure, ou dans l'habitation d'un autre.

Ce risque donne lieu à deux recours : celui du propriétaire et celui des voisins.

Les Compagnies d'Assurances garantissent aussi l'effet de ces recours.

La prime à payer, à cet égard, est excessivement modique, et l'estimation de l'étendue du risque est en général laissée à l'appréciation de l'assuré.

Cependant, il fallait prendre une base de minimum pour le risque locatif, attendu qu'il est fort rare qu'une Compagnie se trouve dans la nécessité de payer la somme entière assurée sur ce risque, et que conséquemment il devenait équitable d'établir des proportions entre le locataire aisé et celui qui l'est moins.

Voici la règle à suivre à cet égard :

Le locataire devra s'assurer contre le risque locatif sur une somme au moins égale à quinze fois le prix annuel de son loyer.

Dans ce cas, la Compagnie répond, à sa place, de la totalité des dommages, jusqu'à concurrence de la somme assurée ; sinon, elle en répond seulement dans la proportion qui existe entre la somme assurée et le montant de quinze années du loyer.

www.ingramcontent.com/pod-product-compliance
Lightning Source LLC
LaVergne TN
LVHW012307050726
842524LV00004B/1250